BEI GRIN MACHT SICH IHR
WISSEN BEZAHLT

- Wir veröffentlichen Ihre Hausarbeit,
  Bachelor- und Masterarbeit

- Ihr eigenes eBook und Buch -
  weltweit in allen wichtigen Shops

- Verdienen Sie an jedem Verkauf

Jetzt bei www.GRIN.com hochladen
und kostenlos publizieren

Bibliografische Information der Deutschen Nationalbibliothek:

Die Deutsche Bibliothek verzeichnet diese Publikation in der Deutschen National-
bibliografie; detaillierte bibliografische Daten sind im Internet über http://dnb.d-
nb.de/ abrufbar.

Impressum:

Copyright © 2020 GRIN Verlag
Druck und Bindung: Books on Demand GmbH, Norderstedt Germany
ISBN: 9783346147547

Dieses Buch bei GRIN:

https://www.grin.com/document/537299

Celina Schäuble

Preismanagement, Corporate Identity und strategische Analysemethoden im Marketing

GRIN Verlag

GRIN - Your knowledge has value

Der GRIN Verlag publiziert seit 1998 wissenschaftliche Arbeiten von Studenten, Hochschullehrern und anderen Akademikern als eBook und gedrucktes Buch. Die Verlagswebsite www.grin.com ist die ideale Plattform zur Veröffentlichung von Hausarbeiten, Abschlussarbeiten, wissenschaftlichen Aufsätzen, Dissertationen und Fachbüchern.

Deutsche Hochschule für

Prävention und Gesundheitsmanagement

Hermann Neuberger Sportschule 3

66123 Saarbrücken

Einsendeaufgabe

Fachmodul:	Marketing II
Studiengang:	BFÖ
Datum Präsenzphase:	13.01.2020-16.01.2020
Name, Vorname:	Schäuble, Celina
Studienort:	**Zürich**
Semester:	**Wintersemester 2017**

Inhaltsverzeichnis

1 Preismanagement und Kooperationen

1.1 Kostenorientierte Preisbildung

Fixkosten im Jahr:	850.000 €
Variable Kosten pro Person und Monat:	14,50 €
Geplante Mitgliederanzahl:	2.400
Gewinnzuschlag:	15 %

Formel: $Mitgliedsbeitrag = Kv + \frac{Kf}{Menge}$

Rechnung: $Fixkosten\ pro\ Monat = \frac{850.000€}{12} = 70.833,33€$

$Mitgliedsbeitrag\ pro\ Monat = 14,50€ + \frac{70.833,33€}{2.400} = 44,01€$

$Gewinnaufschlag = 44,01€ * 1,15 = 50,62€$

$Mehrwertsteuer = 50,62€ * 1,19 = 60,23€$

Ergebnis: angestrebter monatlicher Mitgliedsbeitrag = 60,23€

1.2 Konkurrenzorientierte Preisbildung

Durch die konkurrenzbedingte Situation, würde ich im Namen des Unternehmens meinen monatlichen Mitgliedsbeitrag, unabhängig von meinen monatlichen Kosten, an den Preis meines Wettbewerbers anpassen. Da bekannt ist, dass er 5 – 10 Euro günstiger sein soll, als mein bisheriger Monatsbeitrag, würde ich meinen monatlichen Beitrag bei 50 Euro ansetzten, um so bei ungefähr gleicher Leistung, auch einen gleichen oder sogar besseren Preis auf dem Markt anbieten zu können. Sollte mein Preis dann besser sein, werden vermutlich mehr Neukunden mein Studio aufsuchen, als das von der Konkurrenz, was meine Marktsituation gegenüber dem Konkurrenten stärkt.

1.3 Psychologische Auswirkungen des Preises / Preisdifferenzierung

Die personelle Preisdifferenzierung ist nicht immer sinnvoll. In Bezug auf die Jugendlichen wird eine Preisminderung als durchaus sinnvoll angesehen, da die Chance steigt, dass die Schüler das Angebot positiv betrachten und später eher bereit sind, mehr für die Leistung zu zahlen, da sie sich daran gewöhnt haben und nicht mit weniger Leistung zufrieden sind. Allerdings könnte es andere Kunden stören, dass sich vermehrt Schüler in der Anlage aufhalten, was zu Kündigungen führen könnte.

Eine Preisminderung in Bezug auf Senioren wird als weniger sinnvoll erachtet, da diese meist mehr Rente zu Verfügung haben, als ein Schüler Geld. Zudem könnte bei den Rentnern der Eindruck entstehen, dass sie im Vergleich zu anderen Mitgliedern eine geringere Service- und Leistungsqualität erwarten wird, da zu günstige Preise oftmals mit Qualitätsminderung in Verbindung gebracht werden.

Alternativ würde eine zeitliche Preisdifferenzierung in Form eines Mittagstarifs sich anbieten. Durch die zeitliche Begrenzung der Trainingszeit ist der Fokus mehr auf den zeitlichen, als auf den qualitativen Aspekt gelenkt. Dieser Tarif könnte von Rentnern genauso gut und ebenfalls mit gemindertem Preis genutzt werden, ohne das ein Eindruck von geminderter Leistung entsteht. Der Mittagstarif kann aber genauso von Schülern genutzt werden, da diese nachmittags meistens keinen Unterricht haben.

1.4 Preiselastizität der Nachfrage

Mitgliedsbeitrag im ersten Jahr:	54,99€ pro Monat
Mitgliedschaften im ersten Jahr:	2.200 Stück
Mitglieder bei 60,99 € pro Monat:	2.000 Stück

Formel:
$$(\epsilon) = \frac{\text{Änderung der Menge in \%}}{\text{Änderung des Preises in \%}}$$

$$\Delta\, Menge = \frac{M(neu)-M(alt)}{M(alt)} \qquad \Delta\, Preis = \frac{P(neu)-P(alt)}{P(alt)}$$

Rechnung:
$$\Delta\, Menge = \frac{2.000-2.200}{2.200} = -0{,}09$$

$$\Delta\, Preis = \frac{60{,}99-54{,}99}{54{,}99} = 0{,}11$$

$$(\epsilon) = \frac{-0{,}09}{0{,}11} = -0{,}82$$

Es handelt sich bei der Nachfrage um eine unelastische Nachfrage. Dies bedeutet, dass sich durch eine Preiserhöhung, die Nachfrage kaum verschlechtern würde und es Sinn machen würde, die Preise anzuheben.

2 Strategische Analysemethoden

2.1 Five Forces Modell

Im Five-Forces-modell werden 5 Wettbewerbskräfte beschrieben, die Auswirkungen auf die Marktattraktivität von einem Produkt oder einer Leistung haben. Diese Kräfte sind (Bea & Haas, 2013, S.99):

Die Verhandlungsstärke von Lieferanten:

Lieferanten werden in einem Unternehmen wie Freeletics nicht benötigt, da die App immateriell und unabhängig von Gütern ist. Somit gibt es im Unternehmen Freeletics keine Verhandlungsstärke von Lieferanten.

Die Bedrohung durch neue Anbieter:

Aufgrund niedriger Eintrittsbarrieren gibt es eine große Bedrohung durch neue Anbieter. Auch die Tatsache, dass der Fitness- und Gesundheitsmarkt sich immer noch im Wachstum befindet, spricht potentielle neue Anbieter an- QUELLE zum Wachstum

Die Verhandlungsstärke der Abnehmer:

Der Kunde hat vor allem bei Fitness Apps mittlerweile eine scheinbar unendlich große Auswahl, was dazu führt, dass eine App sehr schnell wieder deinstalliert und eine andere installiert werden kann. Dieser Vorgang ist um einiges leichter, als eine Kündigung mit Einhaltung der Fristen in Fitnessstudios.

Das Überangebot führt dazu, dass der Kunde nicht unbedingt bereit ist, Geld für die App Freeletics zu bezahlen, da es unzählige gratis Apps gibt. Der Kunde hat hier eine große Verhandlungsstärke.

Die Bedrohung durch Ersatzprodukte:

Die Bedrohung durch Ersatzprodukte ist nicht so groß, da Freeletics durch verschiedene Apps mit verschiedenen Schwerpunkten mehrere Zielgruppen anspricht. So gibt es zum Beispiel die App Freeletics Gym App, die den Nutzer bei seinem Training im Fitnessstudio sogar unterstützen soll. Auch Freeletics Nutrition liefert eine Alternative zu herkömmlichen Ernährungsprogrammen. Besonders attraktiv ist auch, dass sich die einzelnen Apps miteinander verbinden lassen und sich so aufeinander abstimmen können.

Die Rivalität der Wettbewerber:

Zwischen den einzelnen Wettbewerbern in der Sparte der Fitness-Apps herrscht ein sehr starker Wettbewerb. Dies liegt daran, dass die angebotenen Leistungen und der Apps sehr homogen sind. Gibt man zum Beispiel im App Store das Stichwort „Workout App" ein, erscheinen unzählige Apps, die sich alle sehr ähnlich sind. Zudem gibt es für den Nutzer kaum Austrittsbarrieren.

2.2 Durchführung einer SWOT-Analyse

Tab. 1: SWOT-Analyse der Freeletics GmbH

Stärken	Schwächen	Chancen	Risiken
Nummer 1 unter den Fitness Apps in Europa (Freeletics GmbH, 2020)	Ausschließlich digital verfügbar	Freeletics – Mindset als neues Programm bedient eine ganz neue Zielgruppe (Freeletics GmbH, 2020)	Hoher Wettbewerbsdruck, aufgrund vieler Anbieter
Produkte sind vielfältig (z.B. Freeletics Nutrition, Freeletics Coach etc.) und überall auf der Welt nutzbar (Freeletics GmbH, 2020)	Nicht für Menschen mit gesundheitlichen Problemen oder Einschränkungen geeignet	Die Welt wird immer digitaler (Drack, 2017)	Menschen wenden sich der digitalen Welt ab
Schnelles Marktwachstum des Unternehmens (2015 – 5 Millionen Nutzer, 2017 20 Millionen Nutzer, 2019 – 40 Millionen Nutzer) (Freeletics GmbH, 2020	Keine Betreuung und Beratung, kaum Austausch mit anderen Trainierenden	Freeletics Community online und offline ausbauen	Kunden verlieren das Interesse und die Motivation an der digitalen Trainingsform und legen wieder Wert auf Betreuung

6

2.3 Erstellung einer SWOT-Matrix

Tab. 2: SWOT-Matrix der Freeletics GmbH anhand der Daten der SWOT-Analyse

	Chancen	**Risiken**
Stärke	S-O-Strategien: - Schnelles Marktwachstum nutzen, um noch mehr Menschen dazu zubringen die Apps zu nutzen, Markterweiterung in andere Länder - Freeletics-Mindset unter den Nutzern bekannt machen und so eine neue Zielgruppe generieren	S-T-Strategien: - Produktvielfalt nutzen und Apps ausbauen, um den Kunden die digitale Welt weiterhin interessant zu gestalten - Größten Marktanteil und Marktwachstum nutzen, um dem Wettbewerbsdruck weiterhin standzuhalten
Schwäche	W-O-Strategien: - Offline Community ausbauen und die Freeletics Trainingsparks mit Trainern ausstatten - Neues Programm mit Reha-Übungen auf den markt bringen, wo auch ein Trainer zu buchbar ist.	W-T-Strategien: - Ausschließliche digitale Verfügbarkeit darf nicht dazu führen, dass Menschen sich von Freeletics abwenden - Mangelnde Betreuung und Beratung, sowie Austausch darf nicht dazu führen, dass Kunden sich von der digitalen Trainingsform abwenden

2.4 BCG-Portfolio und Produktlebenszyklus

In dem Portfolio der Boston-Consulting-Group (BCG) sind Fitness Apps derzeit als Stars ein-
zuordnen, da sie aufgrund ihrer hohen Beliebtheit ein immer größeres Marktwachstum und auch
einen steigenden Marktanteil innerhalb der Fitnessbranche erzielen.

Die Firma Freeletics befindet sich in Bezug auf den Produktlebenszyklus in der 3. Phase, dem
Wachstum. Die Phasen der Einführung und Entwicklung hat die GmbH bereits abgeschlossen.

Da Freeletics immer wieder neue Apps und Funktionen auf den Markt bringt, bevor dieser ge-
sättigt ist, weicht das Konzept von einem idealtypischen Produktlebenszyklus ab.

2.5 Fazit

Da die Digitalisierung noch kein abgeschlossener Prozess ist, werden Fitness Apps immer grö-
ßere Konkurrenten, da sie meistens nichts oder im Vergleich zu einer Mitgliedschaft in einem
Fitnessstudio nur sehr wenig kosten. Als Studiobesitzer sollte man den Fokus noch gezielter
auf Servicequalität und persönliche Betreuung legen, um die Kunden zu überzeugen. Es sollte
jedoch auch überlegt werden, eine eigene App für das Fitnessstudio zu entwerfen oder mit einer
bereits existierenden App zu kooperieren.

3 Corporate Identity, Digitalisierung und integrierte Kommunikation

3.1 Analyse eines Best-Practice-Beispiels

3.1.1 Corporate Identity

Unter der Corporate Identity versteht man die strategische geplante und operativ eingesetzte
Selbstdarstellung und Verhaltensweise eines Unternehmens nach innen und außen (Birkigt &
Stadler, 2002, S. 20 ff.; Meffert & Burmann, 1996, S. 23 ff.). Die Gründe für eine neue Aus-
richtung der Corporate Identity können Inhaberwechsel oder eine Internationalisierung sein.
Häufig wird die Corporate Identity jedoch gewechselt, wenn die Firma ein schlechtes oder ver-
altetes Image hat oder wenn innerhalb der Firma eine ganz neue Positionierung angestrebt wird.

Auch bei der Firma Frosta lässt sich erkennen, dass die Corporate Identity im Lauf der Ge-
schäftsjahre geändert wurde. So wurden zum Beispiel im Jahr 2011 im Rahmen des Corporate
Designs das Logo überabeitet und alle Verpackungen neu relauncht (Frosta, 2020). Im Jahr
2002 hat die Firma Frosta angefangen sich mit dem Thema Nachhaltigkeit zu beschäftigen und
baute eine Wasser Recyclinganlage. Daraufhin folgten weitere Projekte wie die Umsetzung ei-

ner nachhaltigen Verpackung der Produkte im Jahr 2012, die im Rahmen des Corporate Behaviour umgesetzt wurden und schlussendlich dazu führten, dass Frosta 2012 und 2017 mit dem deutschen Nachhaltigkeitspreis ausgezeichnet wurde (Frosta, 2020). Die Corporate Communication und Image durchlief ebenfalls Veränderungen bei der Firma Frosta. So startete man 2005 mit einem von Mitarbeitern geführtem Blog, eröffnete 2010 eine Facebook Seite und legte besonders viel Wert auf Transparenz. Der Kunde hat seit 2015 die Möglichkeit alle Herkunftsländer der Produkte auf der Packung zu finden und durch eine gläserne Produktionsstätte sogar die Möglichkeit, direkt bei der Produktion zuzusehen (Frosta, 2020).

3.1.2 Digitalisierung und integrierte Kommunikation

Unter der integrierten Kommunikation versteht man die inhaltliche und formale Abstimmung aller Maßnahmen der Marktkommunikation. Die durch die Kommunikationsmittel hervorgerufenen Wirkungen sollten sich im Idealfall gegenseitig unterstützen (DHfPG, 2020, S. 168). Dem Unternehmen Frosta ist die integrierte Kommunikation auf mehreren Märkten gelungen, da sie um Kontinuität bemüht sind. Zum einen ist ihr Logo auf allen Kanälen gleich und es gab auch keine großen Veränderungen des Logos seit 2000 (Frosta, 2020). Deswegen hat die Firma auch einen großen Wiedererkennungswert.

Die Integration von einem Koch, der die Gerichte zubereitet in der Werbung zieht sich durch sämtliche Werbekanäle, egal ob Radio, Tv oder Facebook. Zusätzlich zum Koch Peter, der für frische und zusatzstofffreie Verarbeitung steht, wird auch der Slogan „Frosta ist für alle da" auf sämtlichen Kanälen verbreitet und auf die Produktverpackungen gedruckt.

Die allgemeine Herausforderung für Unternehmen in Bezug auf die Digitalisierung ist es, den Ansprüchen aller Zielgruppen auf allen Kanälen gerecht zu werden und dennoch in Bezug auf das Marketing die Kontinuität beizubehalten und nicht zu große Unterschiede in Bezug auf die Corporate Identity auf den verschiedenen Kanälen zu präsentieren.

Verschiedene Positionierungen auf unterschiedlichen Kanälen könnte für die Firma Frosta den Vorteil haben, dass sie noch mehr Menschen mit ihrem Marketing erreichen. Durch spezialisiertes Zielgruppenmarketing könnte sich so der Umsatz verbessern. Es besteht jedoch auch die Gefahr, dass Menschen, die beide Kanäle nutzen irritiert oder sogar abgeschreckt werden, wenn das Unternehmen auf verschiedenen Kanälen unterschiedlich kommuniziert. Die Marke könnte an Glaubwürdigkeit verlieren und den potentiellen Kunden könnte die Identifikation mit dem Unternehmen schwerer fallen.

3.2 Kommunikationsstrategie

Transparenz ist derzeit ein von den Kunden stark geschätztes Instrument im Marketing. So würde es auch für SUPPmart ein Schritt sein, der sich positiv unter den Käufern bemerkbar machen würde, da der Kunde der Marke mehr Vertrauen schenken kann. Anhang der steigenden Umsatzzahlen der Firma Frosta, seit dem transparenten Firmenkonzept, lässt sich erkennen, was Transparenz und Nachhaltigkeit für einen Einfluss auf die Menschen hat. Frosta konnte ihren Umsatz von 2013 bis 2018 von 384 auf 509 Millionen Euro steigern (Statista, 2019). Diese Zahlen sprechen für sich. SUPPmart könnte ihre Produkte durch Storytelling vermarkten. Wenn Menschen im Internet über ihre positiven Erfahrungen mit den Produkten von SUPPmart sprechen, gewinnt man schnell das Vertrauen von potentiellen Käufern.

4 Marktfeldstrategien

Die Produkt-Markt-Matrix nach Ansoff zeigt vier Strategien, die ein Unternehmen auf dem Markt anwenden kann um seinen Marktanteil zu erweitern (Meffert, Burmann et al., 2015, S.254)

Marktdurchdringung: Ziel des Unternehmens ist es mit seinen bereits auf den Markt gebrachten Produkten den Marktanteil und das Marktvolumen zu vergrößern (Niesschlag et al., 2002, S.900). Die Firma SUPPmart könnte dies umsetzen, in dem sie gezielt Kunden von der Konkurrenz abwirbt, den Preis ihrer Produkte reduziert oder den Kundendienst verbessert (Weis, 2012, S.160).

Marktentwicklung: Hier ist das Ziel des Unternehmens mit ihren bereits vorhandenen Produkten neue Märkte zu erschließen. Für die Firma SUPPmart wäre dies zum Beispiel eine Expansion nach Österreich und den dortigen vertreib ihrer Produkte betreiben.

Produktentwicklung: Das Anbieten von neuen Produkten auf einem bereits bestehenden und besetzen Markt, ist ebenfalls eine der vier Marktfeldstrategien nach Ansoff (Meffert, Burmann et al., 2015, S.255). Das Unternehmen SUPPmart würde in diesem Fall ein neues Produkt für ihre bisherige Produktpalette entwickeln, zum Beispiel einen neuen Eiweißriegel.

Diversifikation: bei der Diversifikation bringt das Unternehmen neue Produkte in ein neues Marktgebiet ein. Bei einer horizontalen Diversifikation besteht ein sachlicher Zusammenhang zwischen den angebotenen Produkten eines Unternehmens (Weis, 2012, S.255). Die Firma SUPPmart könnte in diesem Fall zusätzlich zu den Supplementen auch noch Trainings Bekleidung auf den Markt bringen. Bei einer lateralen Diversifikation bestehen keine technischen oder wirtschaftlichen Zusammenhänge zwischen den Produkten des Unternehmens (Meffert et al., 2000, S.245). Das Unternehmen SUPPmart könnte in diesem Fall zusätzlich zu den Supplements Kaffeemaschinen herstellen. Bei einer vertikalen Diversifikation erweitert sich die Sortimentstiefe (Weis, 2012, S.256). Die Firma SUPPmart könnte demnach die Produktionsstätte des Eiweiß kaufen oder, wenn sie schon selbst produzieren, die Firma die die Verpackungen für SUPPmart herstellt übernehmen.

Literaturverzeichnis

Bea, F. X., & Haas, J. (2013). Strategisches Management (6. vollständig überarbeitete Ausg.). Stuttgart: Lucius & Lucius.

Birkigt, K. & Stadler, M. M. (Hrsg.). (2002). Corporate Identity. Grundlagen, Funktionen, Fallbeispiele (11., überarbeitete und aktualisierte Aufl.). München: Verlag Moderne Industrie

Drack, K. (2017) [Über eine der größten Herausforderungen der heutigen Zeit] Fitnessmanagement 06/2017, 01.06.2017.

Freeletics GmbH. (Februar 2020). Presskit [Pressemeldung]. Abgerufen am 28. Januar 2020 von https://www.freeletics.com/en/press/wp-content/uploads/sites/24/2018/08/20180814_FreeleticsInvestment_Pressemitteilung_DE.pdf

Frosta (2020). Frosta Firmengeschichte. Zugriff am 28.02.2020. Verfügbar unter https://www.frosta-ag.com/unternehmen/firmengeschichte/

Henrich, P. (2019). Umsatz von Frosta weltweit in den Jahren 2010 bis 2018. Fachbeiträge im Internet. Zugriff am 28.02.2020. Verfügbar unter https://de.statista.com/statistik/daten/studie/298636/umfrage/umsatz-von-frosta-weltweit/

Meffert, H. & Burmann, C. (1996). Identitätsorientierte Markenführung – Grundlagen für das Management von Markenportfolios. (Arbeitspapiere Nr.100). Münster: Wissenschaftliche Gesellschaft für Marketing und Unternehmensführung e.V.

Meffert, H., Burmann, C. & Kirchgeorg, M. (Hrsg.). (2015). *Marketing. Grundlagen marktorientierter Unternehmensführung Konzepte - Instrumente – Praxisbeispiele* (12. Überarbeitete u. aktualisierte Aufl. 2014). Wiesbaden: Springer Gabler

Nieschlag, R. Dichtl, E. & Hörschgen, H. (2002). *Marketing* (19., überarbeitete und ergänzte Aufl.). Berlin: Duncker & Humblot.

Plünnecke, A. & Schlaffke, W. (2019). *Studienbrief Marketing II (rev.21.031.000).* Saarbrücken: Deutsche Hochschule für Prävention und Gesundheitsmanagement.

Schuhen, S. (2019) ISE 2019: Die Welt wird immer digitaler. Zugriff am 28.01.2020. Verfügbar unter https://www.professional-system.de/business/ise-2019-die-welt-wird-immer-digitaler/

Weis, H. C. (2012). *Marketing* (Kompendium der praktischen Betriebswirtschaft, 16., verbesserte und aktualisierte Auflage). Herne, Westf: NWB.

Abbildungs- und Tabellenverzeichnis

Tabellenverzeichnis

BEI GRIN MACHT SICH IHR WISSEN BEZAHLT

- Wir veröffentlichen Ihre Hausarbeit,
  Bachelor- und Masterarbeit

- Ihr eigenes eBook und Buch -
  weltweit in allen wichtigen Shops

- Verdienen Sie an jedem Verkauf

Jetzt bei www.GRIN.com hochladen
und kostenlos publizieren